Francisco José de Almeida

Alegria de crer

3ª edição

QUADRANTE

São Paulo
2024

Copyright © 2012 do autor

Capa
Karine Santos

Dados Internacionais de Catalogação na Publicação (CIP)

Almeida, Francisco José de
A alegria de crer / Francisco José de Almeida — 3ª ed. — São
Paulo: Quadrante, 2024.

ISBN: 978-85-7465-768-4

1. Fé 2. Amor 3. Virtudes 4. Vida cristã I. Título

CDD-241.4

Índice para catálogo sistemático:
1. Fé : Virtudes : Vida cristã 241.4

Todos os direitos reservados a
QUADRANTE EDITORA
Rua Bernardo da Veiga, 47 - Tel.: 3873-2270
CEP 01252-020 - São Paulo - SP
www.quadrante.com.br / atendimento@quadrante.com.br

SUMÁRIO

PREFÁCIO 5

O QUE É A FÉ 13

A FÉ HUMILDE 23

FÉ OPERATIVA 55

FÉ SACRIFICADA 73

PENSAMENTOS SOBRE A FÉ 81

PREFÁCIO

Em 11 de outubro de 2012, o Papa Bento XVI proclamou como o *Ano da Fé* um período de doze meses, que se iniciava nessa data e se concluiria em 24 de novembro de 2013, festa de Cristo-Rei. Decretava-o em comemoração do cinquentenário da abertura do Concílio Vaticano II, convocado pelo Papa João XXIII.

Disse Bento XVI:

Se a Igreja propõe hoje um novo *Ano da Fé* e a nova evangelização, não é para prestar honras a uma efeméride, mas porque é necessário, ainda mais do que há cinquenta anos!

Costuma-se dizer que um Concílio Ecumênico tem três fases: a dos trabalhos preparatórios, que é a fase dos homens; a das sessões e documentos finais, que é a fase do Espírito Santo; e, por último, a do pós-Concílio, que... é a fase do demônio. Por que também logo após o Vaticano II se observaram frutos paradoxalmente catastróficos, quando se esperava uma renovação imediata e límpida dos valores da fé?

Na altura e depois do Concílio, houve uma palavra muito ventilada, que se prestaria aos maiores desvarios: *aggiornamento*. Palavra difícil de traduzir — "atualizar", "pôr em dia" —, mas que levou às maiores desorientações e estragos. Se já no tempo anterior ao Concílio se podia perceber, a partir de algumas páginas trágicas da história recente, as consequências de um mundo sem Deus, de um mundo dominado pela ambição de poder e pelo ódio, o que se viu e se sofreu nas décadas que se seguiram foi um movimento de secularização da doutrina, do culto, dos costumes no seio do catolicismo.

A título de amostra, poderiam recordar-se muitas coisas que, sob a capa do *aggiornamento*, tiveram efeitos devastadores. Não é possível esquecer a dessacralização dos templos e da liturgia, o abandono da vocação por milhares e milhares de sacerdotes e religiosos, a laicização do ensino ministrado em colégios católicos, muitos deles sumariamente fechados. E houve sobretudo a terrível distorção do patrimônio doutrinal da fé: Cristo anunciado como "libertador", não do pecado, mas das injustiças sociais; a devoção à Virgem Maria, aos anjos e aos santos apelidada de "crendices", e as suas imagens nas igrejas, que avivavam a fé, vendidas a antiquários; a Santa Missa configurada sobretudo como "assembleia", deixando em segundo plano o seu caráter *sacrificial*; os sacrários transferidos para um lugar secundário; o sacramento da confissão individual, auricular, trocado por absolvições coletivas; o Magistério da Igreja rebaixado a mera opinião, principalmente no campo da moral; a consequente autonomia absoluta da consciência pessoal, verdadeira porta aberta a todos os relativismos: "eu acho", "eu penso", "eu sinto"...

Tudo isso deu origem àquilo que o Papa Bento XVI acaba de chamar "o avanço de uma *desertificação* espiritual", patente ao nosso redor todos os dias. Porque, debilitada a sociedade eclesial, debilitou-se no

Ocidente a sociedade civil, que tinha naquela a base das suas certezas e da sua cultura. Ao fim e ao cabo, instalou-se em vastos setores da sociedade um "retorno à barbárie", que considera como "conquistas da civilização" e da liberdade certos modos de pensar e viver que, também no dizer do Papa, "empobrecem, degradam e desfiguram o homem", feito à imagem e semelhança de Deus.

Mas, a essa linguagem dura e sombria, a mensagem do Papa, na homilia da Missa com que abriu o *Ano da Fé*, contrapôs uma feliz perspectiva de esperança. Depois de referir-se ao vazio e ao deserto em que o homem se encontra imerso, o Pontífice prosseguiu:

> No entanto, é precisamente a partir da experiência deste deserto, deste vazio, que podemos redescobrir *a alegria de crer*, a sua importância para nós, homens e mulheres. No deserto, é possível redescobrir o valor daquilo que é essencial para a vida.

> Há no mundo de hoje inúmeros sinais da sede de Deus, do sentido último

da vida, ainda que muitas vezes expressos implícita ou negativamente. E, no deserto, existe sobretudo a necessidade de pessoas de fé que, com as suas próprias vidas, indiquem o caminho para a Terra Prometida, mantendo assim viva a esperança. Hoje, mais do que nunca, evangelizar significa testemunhar uma vida nova, transformada por Deus, indicando assim o caminho.

A primeira Leitura falava da sabedoria do viajante (cf. Eclo 34, 9-13): a viagem é uma metáfora da vida, e viajante sábio é aquele que aprendeu a arte de viver e pode compartilhá-la com os irmãos, como acontece com os peregrinos no Caminho de Santiago ou em outros caminhos de peregrinação que, não por acaso, estão novamente em voga nestes últimos anos. Por que tantas pessoas sentem hoje a necessidade de percorrer esses caminhos? Não será porque neles encontraram, ou pelo menos intuíram, o significado do nosso estar no mundo? Aqui está um modo como podemos representar este *Ano da Fé*: uma peregrinação pelos desertos do mundo contemporâneo, em que se deve levar apenas o que é essencial: nem cajado, nem sacola, nem pão, nem dinheiro, nem duas túnicas (cf. Lc 9, 3), mas sim o Evangelho e a fé da Igreja.

O que João XXIII tinha como propósito e propunha aos Padres conciliares não era que se pusessem em tela de juízo as verdades eternas, de per si imutáveis, mas que, tendo em vista "um mundo em mudança", se aprofundasse nessas verdades e se confirmassem e se fortalecessem as bases em que assentam. Mudaria a linguagem? Mudaria alguma coisa da Liturgia? Mudariam os métodos apostólicos? Mudaria sobretudo o acento sobre a responsabilidade do laicato no trabalho de expansão dos valores espirituais num mundo laicizado e materializado? Tudo isso impunha uma revisão a fundo e a tudo isso o Concílio abriu novos horizontes. Mas para onde os decretos conciliares orientaram os espíritos foi para o retorno ao ponto de partida, sem o qual o extravio é consequência certa: *a fé*.

Eis por que, passados cinquenta anos após o começo do Concílio, o Papa, ao proclamar este *Ano da fé*, pediu aos cristãos que levassem como arma "apenas o que é essencial [...]: o Evangelho e a fé da Igreja". É nisso que temos de meditar.

O QUE É A FÉ

Nos velhos catecismos de perguntas e respostas com que se introduziam os cristãos nos mistérios divinos, dizia-se que a fé é "a adesão livre e voluntária às verdades reveladas por Deus, nas quais se crê pela autoridade dAquele que as revelou, o qual não pode enganar-se nem enganar-nos".

O atual *Compêndio do Catecismo da Igreja Católica* diz que "crer em Deus é aderir ao próprio Deus, confiando nEle e assentindo a todas as verdades por Ele reveladas, porque Deus *é* a própria verdade" (n. 27). E ao falar das características da fé, diz que "a fé é um *dom gratuito* de Deus" [...] e "um *ato humano*, ou seja, um ato da inteligência do homem que, sob o impulso da vontade movida por Deus, dá livremente o próprio consentimento à verdade divina" (n. 28).

Trata-se, pois, de conhecer e aderir ao que Deus revela acerca de Si mesmo, bem como às verdades que comunica sobre o ser mais íntimo do homem: sobre a sua origem e destino final, sobre o caminho que o Autor da sua vida lhe traçou, a fim de configurar toda a sua existência "na obediência da fé". Nas palavras de João Paulo II, tantas vezes citadas e outras tantas postas de parte por muitos, "Deus revela o homem ao homem".[1]

O patrimônio das verdades de fé é sempre o mesmo. Deus não muda. Mudam os tempos e tudo o que se situa no tempo. Tornam-se anacrônicos os conhecimentos que se adquirem no campo da história, da ciência, da psicologia, cujos dados estão permanentemente em aberto. Desvanecem-se as fortunas acumuladas, as empresas carregadas de sucesso, os impérios, as teorias, as ideologias. Deus não. A sua Palavra não muda: "Os céus e a terra passarão, mas

---

1 A expressão procede da Constituição pastoral *Gaudium et Spes*, n. 22. João Paulo II destacou-a desse contexto para glosá-la em muitas ocasiões.

as minhas palavras não passarão" (Mt 24, 35). Assim o disse Cristo, Deus que se encarnou por nós, homens, Ele que é "ontem e hoje e pelos séculos dos séculos" (Hb 13, 8), em quem não existe "sim" e "não", mas um imutável *Sim* (cf. Mt 5, 37).

Não bastará então que conservemos o que aprendemos, muitas vezes felizmente já desde crianças? O *Compêndio*, no n. 28 acima citado, prossegue: a fé "está em *contínuo crescimento* graças em particular à escuta da Palavra de Deus e à oração". Como pode crescer e melhorar o que é imutável? Substituem-se as fachadas dos edifícios por outras mais condizentes com os tempos, mas não se substituem os alicerces.

Uma comparação, clássica entre os autores, permite-nos compreender do que se trata. O sol brilha com o mesmo brilho desde há muitos milhões de anos. No entanto, se tivermos a nossa casa com as janelas fechadas, ou se vivermos no porão, esse sol que resplandece lá fora não chegará até nós. E embora saibamos que existe, não nos iluminará e viveremos numa eterna noite. Encontramos um eco desta imagem no livro *Caminho*, de São Josemaria Escrivá, quando diz: "Alguns passam pela vida como por um túnel, e não compreendem o esplendor e a segurança e o calor do sol da fé".[2]

A fé foi-nos dada para duas coisas: primeiro, para saber e crer, e depois, de modo indissociável, para viver. E ambos os aspectos significam crescer. Significam sair do túnel, abrir as janelas e as portas,[3] para que a luz que brilha no alto desfaça as trevas ou semi-trevas em que muitos andam, quer na inteligência, quer na conduta. Neste sentido, a fé está "em contínuo crescimento".

O desejo de Deus

Para conhecer as verdades da fé e moldar por elas a conduta, o primeiro passo é *o desejo de Deus*. A este propósito, dão-nos

---

2 Josemaria Escrivá, *Caminho*, 11ª ed., Quadrante, São Paulo, 2016, n. 575.

3 João Paulo II clamava no início do seu pontificado: "Abri as portas a Cristo! *Escancarai* as portas a Cristo!"

muita luz as considerações que faz o Papa Bento XVI na homilia que dedicou ao Ano da Fé, em 7 de novembro de 2012. Inicia essa fala com estas palavras:

O caminho de reflexão que estamos fazendo juntos neste *Ano da Fé* conduz-nos a meditar hoje sobre um aspecto fascinante da experiência humana e cristã: o homem traz em si um misterioso desejo de Deus. É muito significativo que o *Catecismo da Igreja Católica* comece exatamente com a seguinte consideração: "O desejo de Deus está inscrito no coração do homem, porque o homem foi criado por Deus e para Deus; e Deus não cessa de atrair o homem a Si e somente em Deus o homem achará a verdade e a felicidade que procura sem descanso" (n. 27).

Mas — observa o Papa[4] — esta afirmação, que é quase óbvia em muitos contextos

---

4 Seguimos aqui resumidamente as ideias da citada homilia.

culturais, pode parecer uma provocação no âmbito da cultura ocidental secularizada. Não são poucos os que objetam não notar neles um tal desejo de Deus. Durante muitos séculos, os cristãos, como diz São Pedro, tinham de estar preparados para dar razões da sua esperança (cf. 1 Pe 3, 15); hoje, é necessário estarem preparados para dar razões da sua fé. Deus já não é o Esperado, o Desejado; é olhado com indiferença por muitos homens, cujo desejo são determinados bens concretos, geralmente alheios aos valores espirituais. Que pensar?

Neste ponto, o Papa começa por partir do que escreveu na sua primeira Encíclica *Deus caritas est* acerca da experiência do amor humano (n. 6). Diz na homilia que, passados os momentos iniciais da vida matrimonial, se abre um caminho em que marido e mulher devem estar dispostos a renunciar a si mesmos para pôr-se um ao serviço do outro. É um "êxtase" chamado a ser "ágape", comunhão. É um dinamismo que envolve o paradoxo de que é necessário que cada cônjuge *saia de si mesmo* se quer fruir de um amor duradouro e assim encontrar-se a si mesmo. Há sempre na vivência desse amor um caminho de amadurecimento a percorrer.

O mesmo se pode dizer da amizade, da experiência do belo, da aquisição de conhecimentos. Fica sempre alguma coisa por fazer e alcançar em qualquer desses âmbitos, e o desejo de uma completude persiste como meta que conquistar.

Em todas essas experiências, que se podem estender a outros campos — como o da posse de riquezas, de bem-estar, de sossego e paz, de sucesso pessoal —, esconde-se uma procura de mais, de algo permanente e definitivo, à prova de insatisfações e desilusões. E é aqui que o vazio ainda por preencher se abre naturalmente ao desejo do Absoluto, que — diz o Papa — revela a natureza do homem como um ser religioso em busca de Deus, por trás e por cima de todos os desejos, mesmo e sobretudo quando realizados.

O homem é um ser "mendicante de Deus", e neste sentido Bento XVI cita as palavras de Pascal: "O homem supera infinitamente o homem" (*Pensamentos*, 438). E evoca Santo Agostinho quando fala do "coração inquieto", que não descansa enquanto não encontra Deus, e que no finito — nas realidades e sonhos humanos — pressente o Infinito e a ele aspira, mesmo que não perceba que é isso o que afinal procura.

Para descobrir essa aspiração íntima — prossegue o Papa —, será necessário submeter-se a uma *pedagogia do desejo*, que deveria começar com a infância e deve continuar pela vida fora: cultivar em pequenos passos o gosto pelos valores autênticos da vida: a família, a amizade, a bondade, a pureza de coração, o amor ao conhecimento, à arte, à beleza da criação...

É um trabalho de purificação e cura, que não sufoca o desejo, mas o liberta para que alcance a sua verdadeira nobreza.[5]

---

5 Deve-se ressaltar a este propósito que o desejo de algo mais pode levar ao encontro com Deus quando uma pessoa, mesmo sem fé, é um "homem de bem", honesto na sua vida profissional e sem brechas na fidelidade matrimonial, que não mente, não trapaceia, que tem o sentido da *honra*.

Certo corretor da Bolsa de valores, que enriquecera licitamente num período de alta e adquirira muitos bens, quando chegou, sem cupidez nem

E por esse caminho — novamente com palavras de Santo Agostinho —, "Deus alarga o nosso desejo, e com o desejo alarga o ânimo, e, dilatando o ânimo, torna-o mais capaz".[6] Que disposições deve ter o homem para ser capaz de receber ou fortalecer a fé? Que exige da pessoa esse dom que Deus lhe oferece?

---

imprudência sua, um período agudo e persistente de baixa, vendeu tudo isso que adquirira para ressarcir os que lhe tinham confiado as suas economias. Preferiu desfazer-se dos bens a prejudicar quem tinha confiado nele. Foi de uma lealdade incomum, que o fez abrir-se à fé. Diz São Josemaria Escrivá em *Sulco* (4ª ed., Quadrante, São Paulo, 2016, n. 652) que de nada adianta (menos ainda no campo da fé que se deseja), se alguém pensa que, para alcançar e viver a fé, o que o espera é que lhe peçam uma armação de práticas religiosas, se lhe faltam as comuns virtudes humanas: será como pensar que se pode vestir jóias sobre roupas de baixo.

6 *Comentário à 1ª Carta de São João*, 4, 6.

A FÉ HUMILDE

Andava eu pelos primeiros anos da Faculdade de Direito de Coimbra, nos fins da década de quarenta, quando tive ocasião de ouvir, gravada numa fita magnetofônica, a voz quente e vibrante do Fundador do Opus Dei, mons. Josemaria Escrivá, que tratava do tema da vida de fé. Não anotei as palavras que pronunciou, mas ficou-me na memória o esquema que seguiu: a fé — ouvi-o dizer — tinha de ser uma fé *humilde*, *operativa* e *sacrificada*. Desde então, esse esquema foi para mim como um roteiro de vida.

A primeira condição

A fé exige antes de mais nada a humildade.

Crer é, como vimos, assentir com o entendimento às verdades que Deus nos revelou, inicialmente no Antigo Testamento, orientado principalmente para preparar a vinda de Cristo, e, quando chegou à plenitude dos tempos; estabelecendo no Novo Testamento a verdade definitiva sobre a Revelação.[1] Esse assentimento não procede da evidência dessas verdades, mas da autoridade de Deus que no-las revela. Crer é aceitar a infinita supremacia de Deus, que é quem é, e nós somos o que somos.

Não é que a fé nos descubra verdades que contradigam a razão, mas verdades que *ultrapassam* a razão e lhe abrem horizontes de luz. Ou melhor, verdades que nos abrem para a verdadeira realidade, da qual as coisas que tocamos ou compreendemos são espelho ou sombra.

A propósito da Eucaristia, Ronald Knox faz um observação surpreendente:

O Senhor não compara simplesmente as coisas celestiais às da terra a modo de ilustração. Ao contrário, o que faz é falar das coisas como se fossem

---

1 Cf. *Catecismo da Igreja Católica*, nn. 702-710.

simples sombras, cópias inferiores da realidade que nos espera no céu. Começa, poderíamos dizer, pelo lado oposto; não pelo lado terreno, mas pelo lado celestial.

Assim acontece quando diz à mulher samaritana: "Se conhecesses o dom de Deus e quem é que te diz: Dá-me de beber, certamente tu mesma lhe pedirias, e ele te daria uma água viva" (Jo 4, 10). Ao dizer "água viva", não se refere à água fresca dos mananciais ou de um poço, como pensa a mulher; o que quer dizer é que toda a água que possamos encontrar neste mundo dos sentidos, a mais pura, a mais fresca, não passa de água morta; a verdadeira água viva não pertence de modo algum ao mundo dos sentidos. [...]

E o mesmo acontece quando o Senhor nos fala do pão que comemos: o verdadeiro pão, o pão vivo, não é o pão comum. Este pão é somente uma imitação, uma cópia, uma imagem do Pão verdadeiro que veio do céu [...] A nossa experiência e a nossa imaginação estão tão presas às coisas dos sentidos que pensamos que o Senhor instituiu o Santíssimo Sacramento com pão e vinho, como sua matéria remota, porque o pão e o vinho lhe traziam à lembrança a graça que nos queria conferir com o sacramento. Mas, se repararmos bem, é exatamente o contrário. Quando Deus criou o mundo, deu-nos por alimento o pão e o vinho para que um dia pudéssemos compreender o que é o Santíssimo Sacramento. Não projetou a Sagrada Hóstia para que fosse semelhante ao pão, mas projetou o pão para que fosse parecido à Sagrada Hóstia.[2]

Pela fé, estamos assim diante de uma *ampliação do nosso modo habitual de pensar e ver as coisas*. E compreendemos uma verdade insofismável: que "todo o conjunto da realidade visível não é senão uma tênue lâmina que nos separa da eternidade".[3]

---

2 Ronald Knox, *Reflexões sobre a Eucaristia*, Quadrante, São Paulo, 2005, pág. 113.

3 *Ibidem*.

Não é fácil crer

Não é fácil aceitar os dados da fé. É de todos conhecido o episódio em que Santo Agostinho, passeando pela praia, meditava no mistério da Santíssima Trindade e, por muito que raciocinasse, não conseguia ter nenhuma luz: três Pessoas num só Deus? Viu então à beira do mar um menino que recolhia numa concha um pouco da água trazida pelas ondas. Perguntou-lhe o Santo: "Que fazes?", "Quero esvaziar o mar"... Tão impossível à capacidade da razão, entregue a si mesma, é uma coisa como a outra. "Se Deus coubesse na minha cabeça, não seria Deus", dizia mons. Escrivá.

Não, não é fácil crer. Não o foi para os próprios Apóstolos. Cristo teve de ir elevando-os pouco a pouco ao reino da fé. À medida que foram ouvindo a sua doutrina e presenciando os seus milagres, foram-se desfazendo da ideia que se espalhara entre a multidão: de que seria um Elias ou um dos profetas, ou um taumaturgo abençoado por Deus com poderes extraordinários. Só a meio do seu convívio com Ele é que se deram conta daquilo que Pedro lhe disse a

27

certa altura: "Tu és Cristo, *o Filho de Deus vivo*" (Mt 16, 16). E Tomé, o Apóstolo em quem iremos encontrar mais tarde o pleno reconhecimento da sua divindade, é precisamente o mais incrédulo dos Doze, até que Jesus ressuscitado por fim lhe aparece: "Meu Senhor e *meu Deus!*" (Jo 13, 28).

Fé aproximativa, fé ainda não amadurecida: é isso que vemos nos seguidores mais íntimos do Senhor durante um bom tempo. Aderem inicialmente ao atrativo da figura, das palavras e dos feitos de Cristo, mas custa-lhes desprender-se da expectativa multissecular de um Messias terreno, que poria fim a uma situação de sucessivos exílios e invasões que foi a história do povo judeu. "É agora que vais restaurar o reino de Israel?", perguntam ansiosos a Jesus, mesmo depois de o verem ressuscitado.

Crer nas verdades de fé pede que se baixe humildemente a cabeça e se aceite que há um Invisível, não só mais real que o visível, mas fundamento e sentido último de tudo o que vemos, sentimos, fazemos e tocamos.

A HUMILDADE PARA ADERIR
AO DEPÓSITO DA FÉ

Hoje vemos disseminado um deísmo vago, com que muita gente parece contentar-se.

É a crença na existência de um Deus que não atua, que vive num imobilismo absoluto para lá das nuvens, que criou o mundo e os homens, mas depois se retirou e se desinteressou do que se passa no tempo de que Ele é a origem e o termo: um tempo que está nas suas mãos, individual e coletivamente.

É a crença que se expressa na extravagância de experiências que fazem as pessoas satisfazer a nostalgia do divino e sentir-se bem — até "místicas" —, e nada mais.

É a distorção do patrimônio simples e firme das verdades contidas na Escritura, que se retiram do contexto e se manipulam para fabricar uma multidão de "religiões" que muitas vezes não passam de fórmulas de curandeirice, de consolações para os ingênuos... Para toda essa religiosidade, basta a crendice, a vontade de escapar de um mal, os bons sentimentos sem substância

29

de sacrifício e entrega. Para isso tudo, não é necessária humildade.

É necessária a humildade para aceitar que Deus se revelou aos homens pela encarnação do seu Filho único e, pela sua morte e ressurreição, nos tirou de um poço fundo de misérias do qual não podíamos sair por nós mesmos.[4]

É necessária a humildade para aceitar que Cristo fundou a Igreja e que por ela, assistida pelo Espírito Santo, Ele nos chega hoje, tão vivo como nos seus trinta e três anos de vida na terra. Por ela, temos os textos sagrados que nos testemunham o que proclama São Paulo: *Iesus Christus heri et hodie, ipse et in saecula*: "Jesus Cristo é o mesmo ontem e hoje e pelos séculos dos séculos" (Hb 13, 8). Diz Santo Agostinho que, se não fosse pela autoridade da Igreja, não acreditaria nos Evangelhos.

É necessária a humildade para crer que o Batismo nos faz filhos de Deus, herdeiros

---

4 Numa imagem expressiva, dizia alguém que era como se quiséssemos sair do poço servindo-nos como alavanca dos nossos cabelos.

de uma vida que não acaba, em comunhão face a face com Deus. Para o descrente, todas as histórias têm um fim; para os que têm fé, a única história sem fim é a do ser humano.

É necessária a humildade para ver nos sete Sacramentos canais visíveis da graça invisível, para ver que por eles Deus instila em nós a sua própria vida e nos endeusa já aqui na terra e nos vai atraindo a Si pouco a pouco.

Desses sacramentos, o que pede imensa humildade é o da Confissão. Conta-se do Cura d'Ars que um dia se aproximou dele, do meio da multidão, um homem de porte distinto, um intelectual cheio de títulos e prestígio, e começou a expor-lhe as razões pelas quais não cria em Deus. Depois de ouvi-lo sem abrir a boca, São João Maria Vianney disse-lhe simplesmente:

— Ponha-se de joelhos e confesse-se.

— Mas se acabo de dizer-lhe que não creio!

— Ajoelhe-se e confesse-se — repetiu--lhe o Santo. E acrescentou:

— Confesse-se e acreditará.

O homem venceu a autossuficiência, ajoelhou-se, confessou-se e recebeu o dom da fé, até então obstruído pela muralha da sua vida de pecado. Chesterton, a alguém que lhe perguntava por que se fizera católico, respondeu:

— Porque é na Igreja Católica que se perdoam os pecados.

É necessária a humildade para reconhecer a mão de Deus por trás de tudo o que nos acontece no dia a dia. A nossa vida diária é, por assim dizer, *a vida diária de Deus*. Nas suas últimas alocuções, Bento XVI vem sublinhando a *quotidianidade* de Deus. Que significa isso? Que para Deus é sempre hoje: "Eu te gerei hoje", diz o Salmo 2, o salmo da realeza de Cristo. A Segunda Pessoa da Santíssima Trindade é eternamente gerada pelo Pai, num hoje fora do tempo. E o que o Papa quer dizer é que cabe ao homem "inserir o *Hoje* de Deus no seu hoje de cada dia"[5].

Hoje Deus está ao meu lado, vê-me, "quer me levante, quer me sente" (cf. Sl

---

5 *Alocução*, 17.10.2012.

138, 2); mais ainda: está dentro de mim, é o dínamo propulsor da minha existência, nos seus lados positivos, que Ele me concede, e nos negativos, que Ele permite para meu bem. "Não sou eu que vivo; é Cristo que vive em mim", escreve São Paulo (Gl 2, 20). E em outro lugar: "Não sou eu, mas a graça de Deus em mim" (1 Cor 15, 10). Assim o reconhece o Apóstolo que foi um portento em desentranhar a revelação de Cristo, em lançar as bases da universalidade da mensagem evangélica e em expandir o cristianismo pelo mundo ao seu alcance, numa epopeia de audácia e sofrimento.

O que a fé nos pede, pois, não é a vanglória e a fatuidade dos intelectuais, dos cientistas, dos empreendedores, dos que acumulam bilhões, dos pretensos salvadores da pátria, dos fabricantes de impérios. O que nos pede é a humildade do coração agradecido que se derrete em adoração e louvor Àquele que é o Criador e sustentáculo de tudo o que vive:

Cantai ao Senhor um cântico novo.
Cantai ao Senhor, terra inteira.

Cantai ao Senhor e bendizei o seu nome.
Anunciai cada dia a salvação que nos
[trouxe.
Proclamai às nações a sua glória,
a todos os povos as suas maravilhas.

Porque o Senhor é grande e digno de
[todo o louvor,
o único temível de todos os deuses.
Porque os deuses dos pagãos [...] não
[passam de ídolos;
mas foi o Senhor quem criou os céus.
No seu semblante, a majestade e a
[beleza;
no seu santuário, o poder e o esplendor.
Alegrem-se nEle os céus e exulte a terra.
Salmo 97 (98)

Os meios para a fé humilde

PEDIR O DOM DA FÉ

Imediatamente após ouvir a profissão
de fé de Pedro, em Cafarnaum, Cristo disse-
-lhe: "Bem-aventurado és tu, Simão Pedro,
porque não foram o carne e o sangue que to

revelaram, mas meu Pai que está nos céus" (Mt 16, 17). É Deus quem, segundo o seu beneplácito, confere a fé e lhe dá o incremento. Ao homem cabe pedi-la. Esse é o meio imprescindível e o primeiro para que Deus detenha os olhos em nós e nos chame ao seu convívio.

Todos os motivos de credibilidade que se oferecem à reflexão do homem para crer não são suficientes para dar esse passo: nem a contemplação da natureza, que na sua ordem e harmonia postula a existência do Criador, nem a experiência íntima de que, sem Deus, alguma coisa falta ao ser humano, se quer encontrar o porquê último das suas fadigas no trabalho, da sua dedicação à família e aos outros, da sua inclinação para a verdade e a bondade, de tal modo que a sua vida não acabe no nada, no pó. Nada disso lhe basta para aceitar a permanência da sua alma para além da morte, no seio de um Deus consumador dos seus sonhos, remunerador das suas obras e fonte de uma felicidade que já não passa para todo o sempre.

Conheci um empresário bem sucedido que estava cheio de dúvidas de fé. Com a ajuda de um sacerdote, a quem expunha em sucessivas conversas essas dúvidas, uma após a outra, foi dissipando as suas interrogantes, até que não restou nenhuma. E chegou um dia em que o sacerdote lhe disse: "Bem, agora só falta que você queira tomar a decisão: crer". A partir desse dia, esse homem deixou de procurar o sacerdote. A razão estava esclarecida, mas o coração continuava a resistir: gritava-lhe a alma, mas o coração emudecia.

Como fazer para que o coração — inteligência e vontade, forças e afetos, a totalidade do ser — se deixe tomar pela Verdade?

É necessário que a busca de Deus se torne pedido, oração, para que não aconteça o que censura o Apóstolo: "sempre a aprender sem nunca chegar ao conhecimento da verdade" (2 Tm 3, 7).

Há dois motivos que nos levam a pedir o dom da fé.

O primeiro é a promessa do Senhor: "Procurai e achareis, batei e abrir-se-vos-á, pedi e ser-vos-á dado" (Mt 7, 7). Dirigir-se ao Deus *ignotus* (cf. At 17, 23), ao Deus *absconditus* (Is 45, 15), mesmo que às apalpadelas, é estar seguro de que Ele nos ouvirá. É a oração da esperança humilde, que parece dar um salto no vazio, mas, no dizer de Bento XVI, "cai nos braços de Deus":

Como a corça anseia pelas águas vivas,
assim a minha alma suspira por Vós, ó
[meu Deus.
A minha alma tem sede de Deus, do
[Deus vivo.
Quando irei e contemplarei a face de
[Deus? [...]
Por que te deprimes, ó minha alma,
e te inquietas dentro de mim? [...]

Conceda-me o Senhor de dia a sua graça,
e de noite eu cantarei o Deus da minha
[vida.
Sinto quebrarem-se os meus ossos
quando, nos seus insultos,
os meus adversários me repetem todos
[os dias:
"O teu Deus, onde está ele?"
Por que te deprimes, ó minha alma,
e te inquietas dentro de mim?

Espera em Deus porque ainda hei de
[louvá-lo;
Ele é a minha salvação e o meu Deus.

(Salmo 41)

Deus não pode deixar de atender a uma oração que reconhece as suas limitações de criatura, no meio das trevas que a assaltam em busca da razão última para a sua existência.

Se o juiz iníquo, só para deixar de ser incomodado, acaba por atender a mulher que o persegue pedindo justiça; se a altas horas da noite um homem que já está deitado se levanta para deixar de ouvir bater-lhe à porta um vizinho lamuriento que lhe pede algum alimento para atender um hóspede inesperado —, poderá Deus, que é Pai, deixar de ouvir as súplicas de um filho, perdido na falta de fé ou numa fé trôpega, que quereria sinceramente crer nEle ou voltar a experimentar a segurança do convívio com Ele?

Escutai, Senhor, a voz da minha oração, tende piedade de mim e ouvi-me.

Fala-vos o meu coração; a minha face
[vos busca;
a vossa, Senhor, eu a procuro.
Não escondais de mim o vosso
[semblante.

(Salmo 26, 4, 7)

O segundo motivo para pedir a fé, uma fé mais robusta,[6] é que, no dizer de Bento XVI, "não somos nós, os seres humanos, os únicos que estamos inquietos na busca de Deus. O coração de Deus está inquieto em busca dos homens. Deus espera-nos, procura-nos. *Também Ele não descansa enquanto não nos encontra*. Por isso se pôs a caminho em direção a nós, em Belém, indo e vindo entre a Galileia e Jerusalém, no Calvário e logo que ressuscitou, e assim por

---

6 São Josemaria Escrivá repetia com frequência a prece dos Apóstolos: "Senhor, aumenta-nos a fé" (Lc 17, 5). E sugeria — ele que dizia numa frase expressiva que "tinha uma fé tão *gorda* que se podia cortar", como confirmam a sua vida e as suas obras — que se pronunciassem essas mesmas palavras como jaculatória.

todos os tempos, até os confins da terra. Deus está inquieto por nós, procura por pessoas que se deixem contagiar da sua mesma inquietação, da sua paixão por nós. Pessoas que perseverem nessa busca que trazem em seus corações e, ao mesmo tempo, deixem que os seus corações sejam tocados pela busca de Deus por nós"[7].

A petição de uma fé que não se tem, que vacila ou que é débil, se for feita com uma humildade paralela à humildade de Deus, que nos procura esquecido de que é Deus e de nada precisa, só pode levar-nos a receber o bem da fé, que tudo transforma.

CONTEMPLAR O ROSTO DE CRISTO

"Senhor, eu creio, mas ajuda a minha incredulidade" (Mc 9, 24), diz humildemente o homem que pedia a Cristo a cura do seu filho epiléptico. Começara por dizer-lhe: "Senhor, se podes..." E Cristo respondera-lhe: "Se podes! Tudo é possível ao que crê". Aquele homem tinha uma fé insuficiente.

---

7 *Homilia*, 6-1-2012.

Quando chegou a plenitude dos tempos, o próprio Deus, na Pessoa do Verbo, tomou carne para que crêssemos e deixássemos de dizer: "Onde está o meu Deus?" Ou, glosando as palavras do pai aflito, para que suplicássemos: "Senhor, tira-me este fundo de incredulidade, dá-me uma fé segura, sem resíduos de desconfiança; aperfeiçoa e aumenta a minha fé".

Ora, esse Cristo que pede fé nEle para poder exercer o seu poder não é uma figura que passou e pertence à história, que não veio apenas para os seus contemporâneos. Encontramo-lo vivo hoje, de muitos modos, mas, para começar, nas páginas do Evangelho, onde quis que se registrasse o necessário para podermos reconhecê-lo como o Verbo de Deus que tomou carne para se aproximar dos homens: o Deus invisível que se fez visível num ser humano que é Deus.

Que encontra nos quatro evangelhos quem os leia despido de ideias preconcebidas e de presunção?[8]

---

8 Expomos a seguir, resumidamente, o que diz Karl Adam no seu livro *Jesus Cristo*, Quadrante, São Paulo, 1986.

Encontra um Homem que ultrapassa a Lei dada por Moisés e pelo menos em seis ocasiões a corrige em nome de um espírito novo. E que, quando o faz, fala em nome próprio. Os Profetas invocavam Yavé em garantia da sua missão: "Assim diz o Senhor..." Cristo afirma: "Mas eu vos digo"... (Mt 5, 18 e 20 e 22). Coloca-se acima do templo, declara-se senhor do sábado (cf. Mt 12, 6 e 8). Todos os seus gestos, conduta e palavras manifestam uma autoridade que só pode provir de quem é o próprio Deus.

O Antigo Testamento relata numerosos milagres realizados pelos Profetas. Elias e Eliseu trouxeram mortos à vida (cf. 1 Rs 17, 19; 2 Rs 4, 32). Os próprios rabinos expulsavam os demônios (cf. Mt 12, 27). Mas faziam todos esses prodígios invocando o Todo-Poderoso e em nome dEle. Cristo impressiona porque muitos dos seus milagres não se apresentam como resultado das suas preces, mas como uma espécie de irradiação natural do seu ser: "Quero; fica limpo"; "Menina, eu te digo: levanta-te"; "Eu te digo: levanta-te, toma o teu leito e vai para casa" (cf. Mc 1, 41; Mc 7, 37; Mc 5, 41; Mc 2, 11). Não são poderes delegados os que Ele exerce, mas a *onipotência*. É por saber-se *um só com Yavé* que pode atribuir legitimamente à sua própria atividade o que os Profetas esperavam do poder divino.

Esta identificação com Deus impressiona no episódio do paralítico que é trazido à presença de Cristo pelo telhado, e o Senhor lhe diz: "Filho, são-te perdoados os teus pecados" (Mc 2, 10). Para os judeus, só Yavé tinha o poder de perdoar os pecados: "Quem pode perdoar os pecados senão só Deus?" (Mc 2, 7). Ora Jesus, ao curar o paralítico, sublinha claramente que atribui esse poder a si mesmo, a ponto de não mencionar Deus. E numa das últimas aparições aos Apóstolos depois de ressuscitado, diz-lhes, soprando sobre eles: "Recebei o Espírito Santo. Àqueles a quem perdoardes os pecados, ser-lhes-ão perdoados; àqueles a quem os retiverdes, ser-lhes-ão retidos" (Jo 20, 22, 23). É Ele, que, pelo Espírito Santo, concede aos Apóstolos o poder de perdoar os pecados.

E não impressiona menos ouvi-lo dizer: "O Pai e eu somos um"; "Filipe, quem me vê, vê o Pai" (Jo 14, 9). Ou: "Ninguém conhece o Pai senão o Filho e aquele a quem o Filho o quiser revelar" (Mt 11, 27). Ou ainda, numa expressão assombrosa: "Antes que Abraão fosse, *eu sou*" (Jo 8, 58). Não nos remete esta afirmação categórica para o episódio da sarça ardente, em que Moisés é incumbido por Deus de libertar o povo de Israel do jugo do Faraó? Moisés pergunta a Deus que responderá quando os israelitas lhe pedirem que diga qual é o nome de quem o incumbiu dessa missão. E Deus responde: EU SOU AQUELE QUE SOU. E acrescentou: "EU SOU" (cf. Ex 3, 13-15).[9] O Verbo encarnado em Cristo é Aquele que é antes de todos os tempos. É "o Filho do Deus vivo", e, enquanto Filho, da mesma natureza do seu Pai--Deus. Cristo é Deus. "Quando elevardes o Filho do homem, sabereis que EU SOU" (cf. Jo 8, 28).

---

9 Lemos no *Catecismo da Igreja Católica*: "A revelação do nome inefável 'Eu sou aquele que sou' contém a verdade de que só Deus é. [...] Ele é a plenitude do Ser e de toda a perfeição, sem origem e sem fim [...] Só Ele é o próprio Ser, e é por si mesmo tudo o que é" (n. 213).

O que importa da leitura do Evangelho não é tanto aprender a doutrina e os preceitos de Cristo, como aconteceu com Moisés, Buda ou Maomé, cujos ensinamentos eram perfeitamente separáveis da pessoa. Ao contrário, o que importa é, que, através de tudo isso, se descubra o rosto de Deus, de um Deus que se fez homem e conviveu com os homens.

Não penetra na luz do Evangelho quem não faz essa descoberta. "Não conhecer as Escrituras é não conhecer Cristo", diz São Jerônimo. De pouco ou nada aproveita quem lê o Evangelho e conclui que nele se fala de um homem excepcional, cheio de bondade, esquecido de si, abnegado, puro — e mais nada. "Senhor afasta-te de mim, que sou um pecador", diz Pedro após a pesca milagrosa. A distância que o separa de Cristo é infinita, é da criatura para o Criador: "Por Ele foram feitas todas as coisas e sem Ele nada foi feito", diz São João (Jo 1, 3).

Foi o que os Apóstolos viram no seu convívio com Cristo. É o que nós temos de ver, indo com Ele a Cafarnaum e Jericó, ao mar de Tiberíades, ao túmulo de Lázaro, ao Tabor, ao Cenáculo e ao Gólgota, vendo-o ressuscitado ao terceiro dia. Então cairemos humildemente de joelhos e também diremos com o Apóstolo Tomé: "Meu Senhor e *meu Deus*".

CRER NA IGREJA

"Quem és tu, Senhor?", perguntou Saulo quando ia a caminho de Damasco, em perseguição dos cristãos, e foi derrubado do cavalo por uma luz que o cegou. Abalado, ouviu: "Eu sou Jesus a quem tu persegues" (At 9, 5).

Jesus subido aos céus continua a viver entre os homens na Igreja por Ele fundada: "Tu és Pedro, e sobre esta pedra fundarei a minha Igreja", disse Ele (Mt 16, 18). Cristo é a cabeça, e a Igreja o seu corpo místico, numa união indissociável. Por isso, para aderir gozosamente à divindade de Cristo, não se pode deixar de aderir de corpo e alma ao mistério da Igreja.

Lemos no *Catecismo da Igreja Católica*: "Da Igreja [o cristão] recebe a Palavra de Deus, que contém os ensinamentos da "lei de Cristo". Da Igreja recebe a graça dos sacramentos, que o sustenta no "caminho". Da Igreja aprende *o exemplo da santidade*" (n. 2030). Da Igreja, "coluna e sustentáculo da verdade" (1 Tm 3, 15), chegam-lhe os princípios morais que iluminam e alimentam o seu agir (cf. *ibidem*, n. 2031). Em resumo, "o *magistério ordinário* e universal do Papa e dos Bispos em comunhão com ele ensina aos fiéis a verdade em que se deve crer, a caridade que se deve praticar, a felicidade que se deve esperar" (*ibidem*, n. 2034).

E um pouco depois o *Catecismo* aponta: "Assim se pode desenvolver entre os fiéis cristãos um verdadeiro *espírito filial para com a Igreja*" (n. 2040). Ela é a mãe solícita que "prodigaliza aos seus filhos o alimento da Palavra e da Eucaristia do Senhor" (*ibidem*). Numa fórmula que condensa tudo, diz um Padre da Igreja: "Ninguém pode ter Deus por Pai se não tiver a Igreja por Mãe".[10] Acreditar no que nos diz a Igreja é, pois, acreditar no que nos diz aquela que é a nossa Mãe. É dela que

---

10 São Cipriano, *De Catholicae Eclesiae unitate.*

recebemos a verdadeira interpretação da Palavra de Deus, contida nas Escrituras. É preciso confiar com simplicidade e humildade no que ela nos ensina, se queremos chegar à fé.

Certa vez, uma pessoa aproximou-se de outra para tentar atraí-la à sua "igreja", de tantas como há hoje. E ouviu estas palavras carregadas de uma ironia cética: "Se eu não acredito na Igreja Católica, que é a única verdadeira, vou acreditar na sua?" Como boa Mãe e Mestra, a Igreja não quer — nem poderia — desviar-nos da Verdade e do Bem.

Mas acreditar na Igreja é acreditar na *totalidade* dos seus ensinamentos. É incongruente aceitar uma parte deles e recusar outra. É contraditório dizer que se é católico e ser *"pro choice"*. Ou dizer que, no foro íntimo, se concorda com a doutrina da Igreja, mas... é preciso respeitar a opinião da maioria — que nem todos são católicos... —, olhar para o bem público, pôr termo a injustiças e discriminações.... É o que anda na boca de certos políticos e de certos elementos da mídia, ávidos de votos, ou de tiragens maiores dos seus jornais, e pobres de princípios e de coragem. São figuras inescrupulosas, míopes e tristes, que não têm o menor pejo em sufocar as evidências gritadas pela razão, pela natureza e pela dignidade do ser humano[11].

Por que não começamos por ler o *Catecismo da Doutrina Católica*, como recomenda o Papa? Mas é tão volumoso! Essa obra realmente monumental, mas nada árida, antes pelo contrário, foi publicada há vinte anos. Se a partir de então

---

11 Existe uma lei natural, *universal* e *imutável*, ditada pela reta razão, que exprime a dignidade da pessoa humana e determina a base dos seus direitos e deveres fundamentais. Cícero chega a dizer que é um sacrilégio substituí-la por uma lei contrária (*Rep* 3, 22). Mas os seus preceitos e verdades não são percebidos por todos de maneira clara e imediata. Na atual situação, são necessárias, como pecadores que somos, a graça e a revelação, para que essas verdades possam ser conhecidas "por todos e sem dificuldade, com firme certeza e sem mistura de erro" (*Dei Filius* c. 2). E o que nos leva a essa certeza é a doutrina da Igreja.Veja-se o *Catecismo da Igreja Católica*, nn. 1954 a 1960.

tivéssemos lido duas das suas páginas por dia, hoje tê-lo-íamos relido duas ou mais vezes, além de consultá-lo com frequência. E nele está exposto tudo o que se propõe à fé católica e abre ao homem horizontes insuspeitados.[12]

E que fazemos hoje com as Encíclicas e outros documentos principais de João Paulo II e Bento XVI? E com as alocuções do Papa às quartas-feiras? E será que já meditamos nas Constituições fundamentais emanadas do Concílio Vaticano II? Passaram-se cinquenta anos!

Se queremos realmente ter e consolidar a nossa fé, é necessário saber dos seus fundamentos, dos seus desenvolvimentos e aplicações, baixando a cabeça para reconhecer que somos "semi-analfabetos" em matéria de religião. Então, guiados por tão boa Mãe, repetiremos com outra consciência e ardor o Símbolo dos Apóstolos ou o Credo niceno-constantinopolitano.

---

12 Recomenda-se também o *Compêndio do Catecismo da Igreja Católica*, que traz em forma de perguntas e respostas o que se contém no *Catecismo*.

O Símbolo dos Apóstolos[13]

"Creio em Deus Pai, Todo-Poderoso,
Criador do céu e da terra;
e em Jesus Cristo, seu único Filho,
nosso Senhor, que foi concebido
pelo poder do Espírito Santo,
nasceu da Virgem Maria;
padeceu sob Pôncio Pilatos,
foi crucificado, morto e sepultado;
desceu à mansão dos mortos;
ressuscitou ao terceiro dia;
subiu aos Céus;
está sentado à direita de Deus Pai
Todo-Poderoso, de onde há de vir
a julgar os vivos e os mortos.

---

13 Diz o *Catecismo da Igreja Católica*: "O Símbolo dos Apóstolos é assim chamado porque se considera, com justa razão, o resumo fiel da fé dos Apóstolos. É o antigo símbolo batismal da Igreja de Roma. A sua grande autoridade vem-lhe deste fato: 'É o símbolo adotado pela Igreja romana, aquela em que Pedro, o primeiro dos Apóstolos, teve a sua cátedra, e para a qual ele trouxe a expressão da fé comum'" (n. 194).

"Creio no Espírito Santo,
na Santa Igreja católica,
na comunhão dos Santos,
na remissão dos pecados,
na ressurreição da carne, na vida eterna.
Amém".

O CREDO NICENO-CONSTANTINOPOLITANO[14]

Creio em um só Deus, Pai todo-poderoso,
Criador do Céu e da Terra,
De todas as coisas visíveis e invisíveis.
Creio em um só Senhor, Jesus Cristo,
Filho Unigênito de Deus,
nascido do Pai antes de todos os séculos:
Deus de Deus, luz da luz,
Deus verdadeiro de Deus verdadeiro;
gerado, não criado, consubstancial ao Pai.
Por Ele todas as coisas foram feitas.

---

14 "O Símbolo dito de Niceia-Constantinopla deve
a sua grande autoridade ao fato de ser proveniente
desses dois primeiros concílios ecumênicos (dos
anos de 325 e 381). Ainda hoje continua a ser comum a todas as grandes Igrejas do Oriente e do
Ocidente" (*Catecismo da Igreja Católica*, n. 195).

E por nós, homens, e para nossa salvação
desceu dos Céus.
E encarnou pelo Espírito Santo,
no seio da Virgem Maria.
e se fez homem.
Também por nós foi crucificado
sob Pôncio Pilatos;
padeceu e foi sepultado.
Ressuscitou ao terceiro dia,
conforme as Escrituras;
e subiu aos Céus,
onde está sentado à direita do Pai.
De novo há de vir em sua glória
para julgar os vivos e os mortos;
e o seu Reino não terá fim.
Creio no Espírito Santo,
Senhor que dá a vida,
e procede do Pai e do Filho;
e com o Pai e o Filho
é adorado e glorificado:
Ele que falou pelos Profetas.
Creio na Igreja,
una, santa, católica e apostólica.
Professo um só batismo
para a remissão dos pecados.
E espero a ressurreição dos mortos
e a vida do mundo que há de vir.
Amém.

FÉ OPERATIVA

A resistência e mesmo recusa em aceitar as verdades da fé não se deve apenas à autossuficiência da razão, que parece bastar-se a si mesma, ou da ignorância acerca do depósito da fé (*depositum fidei*), que é um todo coerente e luminoso, e uma resposta irretorquível a perguntas latentes na mente humana sobre o sentido da sua existência e do seu destino.

Deve-se também à ideia falsa de que é um conjunto de crenças que tanto faz que se tenham ou não, porque não trazem soluções para os problemas e crises da vida, e, pelo contrário, só complicam. Não são ferramentas de trabalho, são perfeitamente inúteis. Diz Bento XVI que mais grave que não crer é pensar que Deus é *supérfluo*. É olhar com indiferença para as realidades do espírito de Deus, como coisas que se situam na ordem do mero conhecimento, que

se observam e se guardam na memória —
algumas —, como o turista pagão dos verões
europeus passeia o olhar distraído pela Ca-
pela Sistina ou pela Pietà, e de vez em quando registra no seu celular algum quadro ou
imagem, movido unicamente pela beleza do
que vê.

Ora a fé mexe com a vida, altera os seus
rumos e conduz a patamares novos de ação
e luta. A fé só existe de verdade onde existem
obras de fé. Nunca é demais refletir sobre o
que diz o Apóstolo Tiago na sua Epístola:

> Irmãos, de que aproveitará a alguém
> dizer que tem fé, se não tiver obras?
> Acaso essa fé poderá salvá-lo? Se a um
> irmão ou irmã faltarem roupas e o ali-
> mento cotidiano, e algum de vós lhes
> disser: "Ide em paz, aquecei-vos e fartai-
> -vos", mas não lhes der o necessário
> para o corpo, de que lhes aproveitará?
> Assim também a fé: se não tiver obras,
> está morta em si mesma [...].
>
> Queres ver, ó homem vão, como a fé
> sem obras é estéril? Abraão, nosso pai,
> não foi justificado pelas obras, oferecen-
> do o seu filho Isaac sobre o altar? [...]

Assim como o corpo sem alma está morto, assim também a fé sem obras é uma fé morta (Tt 2, 14-17.20-21.26).

E é impressionante o rol de obras de fé que, na Epístola aos Hebreus, São Paulo cita na vida de diversas figuras do Antigo Testamento, começando também por Abraão:

Foi pela fé que Abraão, obedecendo ao apelo divino, partiu para uma terra que devia receber em herança. E partiu não sabendo para onde ia. Foi pela fé que habitou na terra prometida, como em terra estrangeira, habitando aí em tendas [...].

Foi pela fé que a própria Sara cobrou o vigor de conceber, apesar da sua idade avançada [...] Assim, de um só homem quase morto nasceu uma posteridade tão numerosa como as estrelas do céu e inumerável como os grãos de areia da praia do mar [...].

Foi pela sua fé que Abraão, submetido à prova, ofereceu Isaac, seu único filho, depois de ter recebido a promessa e ouvido as palavras: "Uma posteridade com o teu nome te será dada em Isaac" (Gn 21, 12). Estava ciente de que Deus é poderoso para ressuscitar alguém dentre os mortos. Assim conseguiu que o seu filho lhe fosse devolvido. E isso é um ensinamento para nós! [...]

Foi pela fé que Moisés, uma vez crescido, renunciou a ser tido como filho da filha do Faraó, preferindo participar da sorte infeliz do povo de Deus a fruir dos prazeres culpáveis e passageiros [...]. Foi pela fé que, não temendo a cólera do rei, deixou o Egito com tanta segurança como se estivesse vendo o invisível. [...] Foi pela fé que fez os filhos de Israel atravessarem o Mar Vermelho, como por terreno seco, ao passo que os egípcios que se atreveram a persegui-los foram afogados.

Que mais direi? Faltar-me-ia o tempo se falasse de Gedeão, Barac, Sansão, Davi, Samuel e dos profetas. Graças à sua fé, conquistaram reinos, praticaram a justiça [...], taparam bocas de leões, extinguiram a violência [...]. Alguns foram torturados, por se recusarem a ser libertados,[1] movidos pela esperança de uma ressurreição mais gloriosa. Outros sofreram escárnio e açoites, cadeias e prisões. Foram apedrejados, massacrados, serrados ao meio, mortos a fio de espada [...]. Homens de quem o mundo não era digno! (Hb 11, 1-38).

E São Tiago como que arremata o texto da sua Epístola acima citado com esta consideração:

Alguém dirá: "Tu tens fé, e eu tenho obras". Mostra-me a tua fé sem obras e eu te mostrarei a minha fé pelas minhas obras. Crês que há um só Deus. Fazes bem. Também os demônios creem e tremem (2, 18-19).

QUE OBRAS?

Uma das razões mais fortes pelas quais não se crê é suspeitar e ter de aceitar que se

---

1 Em troca de prestarem culto a divindades pagãs.

terá de mudar de vida, de hábitos, muitas vezes de ocupação. Um Deus que peça isso incomoda. Mas será que por medo às consequências não daremos esse passo?

Na sua procura de Deus, Santo Agostinho experimentou essa luta contra as paixões que lhe puxavam pela roupa. No ponto crítico do seu processo de conversão, dizia: "E tinham-me preso bagatelas de bagatelas, vaidades de vaidades, minhas velhas amigas, que me sacudiam o vestido carnal e murmuravam baixinho: "Então, mandas--nos embora? Daqui em diante, nunca mais estaremos contigo? Desde agora nunca mais te será lícito fazer isto e aquilo?"[2]

É uma luta que pode durar anos, mas que não é impossível alcançar com a ajuda divina. Santo Irineu de Lyon (séc. II d. C.) tem um pensamento surpreendente. Diz que Deus se fez homem para acostumar o homem a habitar com Deus *e para acostumar Deus a habitar com o homem*. Que significa isto? Significa que, por assim dizer, Deus quis "experimentar" as insuficiências

---

2 *Confissões*, livro VIII, 11, 26.

e as fraquezas do homem, fazendo-se um deles. É como se dissesse, Ele que encerra todas as perfeições: "Quero experimentar as carências do homem; quero saber como é ter sede e fome físicas, como é sofrer a violência das tentações e ter de neutralizá--las; quero saber como é viver sabendo que vou morrer; e efetivamente morrer cedo, e de forma cruenta". É espantoso, mas eram experiências, digamo-lo assim, que Deus não tinha, até que se encarnou.

É outra razão de peso infinito para que Deus seja compassivo e se confirmem as palavras de São João: "Caríssimos, se o nosso coração nos acusa, [tranquilizemo-nos], pois Deus é maior que o nosso coração" (cf. 1 Jo 3, 19-20). Por muitos que sejam os "errores e horrores" que tenhamos cometido, e tenhamos de superar para alcançar a fé plena, podemos estar certos de que Deus vem em ajuda dos que o procuram de coração sincero e lhes dá um espírito e obras que eram incapazes de ter por si mesmos. O seu Coração bate com o nosso, nas nossas aflições e esperanças.

O PODER DA FÉ

Que obras aguardam o homem que ganha de Deus o dom da fé ou que, tendo-a, passa a *tomá-la a sério*?

"Quem crê em Mim, fará as obras que Eu faço, e as fará ainda maiores, porque vou para o Pai" (Jo 14, 12). Em comentário a estas palavras de Cristo, diz Santo Agostinho que isso não significa que quem crê passe a ser maior que Cristo, mas que Cristo, do seio do Pai, fará através dos seus seguidores obras ainda maiores que as que Ele próprio fez na sua vida na terra.

É absoluta verdade que todas as graças de fé e perdão que recebemos procedem da obra de amor que foi a redenção dos homens pela Encarnação, Morte e Ressurreição de Cristo. Mas não é menos verdade que a essa obra se seguiram por meio dos Apóstolos, sob a ação impetuosa ou calada do Espírito Santo[3], tantas obras admiráveis:

---

3 O Espírito Santo é o Espírito de Cristo: "Ele vos dará do que é meu e vos recordará tudo quanto vos disse" (Jo 14, 26).

o Evangelho e os demais textos do Novo Testamento, a Igreja que nasceu no dia de Pentecostes[4], a coroa dos mártires, dos confessores, dos santos e santas, bem como das almas escondidas que, no claustro ou na rua, nas famílias e no mundo do trabalho dão testemunho de fé vivida, traduzida em obras evangelizadoras, de caridade, de defesa inabalável da dignidade do ser humano. É uma longa história que atesta que Deus, por meio dos seus discípulos de todos os tempos, não cortou nem cortará as mãos.

É dessa *onipotência* de Deus que o homem de fé participa: ele é chamado a ser "os braços e as mãos" de Deus. Nem a todos Deus pede o testemunho do martírio, ou de grandes obras assistenciais, ou de trabalho missionário. Mas a todos pede o testemunho de uma vida santa e de irradiação da fé no meio em que vive.

---

4 Dotada do triplo múnus de *reger, ensinar e santificar*: de reger os fiéis pela autoridade de Pedro e demais Apóstolos recebida de Cristo; de *ensiná-los* pela transmissão fidedigna das verdades da fé; de *santificá-los* por meio dos sacramentos.

A CONDIÇÃO PRIMORDIAL

A primeira condição para essa eficácia a que é chamado um homem que queira ter e vivenciar a fé é que esteja unido a Cristo, que corra pelas suas veias a seiva de Cristo. É a frase, tantas vezes repetida e recordada agora pelo Papa, de que, para falar aos homens de Deus, é preciso primeiro falar a Deus dos homens. Voltamos ao princípio: como podemos anunciar Cristo, fazer as obras que Ele nos pede, se não o temos conosco, se não nos vamos identificando com Ele por uma fé manifestada pela oração e pelos sacramentos?

Um jovem ateu conversava com certa pessoa:

— Você acredita que Deus existe?

— Acredito.

— Acredita que Deus se encarnou em Cristo e nele derramou o seu sangue, até morrer numa cruz, para libertar os homens da ferida do pecado original?

— Acredito.

— Acredita que esse sacrifício da vida se renova em cada missa que os sacerdotes celebram?

— Acredito.

— E vai à missa todos os dias?

— Bem, não.

— Pois se eu tivesse a sua fé, iria.

Mons. Escrivá relata num dos seus livros o diálogo que teve com uma freira. Disse-lhe ela, referindo-se a um sacerdote que acabara de falecer:

— Esse sacerdote era um santo!

— Conhecia-o bem?

— Não. Vi-o uma vez celebrar a Santa Missa.[5]

Se nos *fundirmos* com Cristo, pela oração assídua, pela participação ativa no sacrifício do altar, que nos há de levar à comunhão sacramental, iremos reproduzindo em nós os traços de Cristo, e "nas ações do discípulo ir-se-á descobrindo o rosto do Mestre".[6] E assim seremos bons instrumentos da eficácia divina.

---

5 Josemaria Escrivá, *Forja*, 4ª ed., Quadrante, São Paulo, 2016, n. 645.

6 Josemaria Escrivá, *É Cristo que passa*, 4ª ed., Quadrante, São Paulo, 2014, n. 105.

Sugestões práticas

Poucos dias antes de o Papa abrir o *Ano da Fé*, em 11 de outubro do corrente ano de 2012, o Cardeal Arcebispo de São Paulo, D. Odilo Scherer, ofereceu um conjunto de sugestões para a vivência deste período que se encerra na festa de Cristo-Rei de 2013, último domingo de novembro. Dessas sugestões extraímos algumas, adaptadas às nossas circunstâncias de simples fiéis, que podem ser um bom roteiro permanente para as obras de fé:

— Convidar os amigos a ler assiduamente a Sagrada Escritura, começando naturalmente pelo Novo Testamento.

— Sugerir-lhes que leiam ou tornem a ler o *Catecismo da Igreja Católica* e o *Compêndio do Catecismo*.

— Promover catequeses sistemáticas sobre o *Credo,* por exemplo entre os colegas de Faculdade ou de trabalho.

— Formar pequenos grupos para o estudo da primeira parte do Catecismo da Igreja Católica (do n. 1 ao n. 1065).

— Incutir entre os casais e as famílias uma renovada consciência sobre o seu dever de viver e testemunhar a fé, de a transmitir aos filhos e de introduzi-los na vida da Igreja[7].

— Promover o ensino religioso católico nas escolas.

— Instruir as pessoas conhecidas sobre o sacramento da Confissão: sobre a necessidade de que não apenas se confessem dos seus pecados "com Deus", mas com o sacerdote, numa confissão pessoal e auricular, pois foi isso que Deus por meio da sua Igreja determinou para conceder o perdão. É Ele o ofendido e o juiz, e por isso é a Ele que cabe estabelecer as condições do perdão.

— Dar a conhecer os ensinamentos contidos nas alocuções do Papa às quartas-feiras.

— Abrir um site para explicar o dom da fé, abordar doutrinariamente as razões para crer, dissipar dúvidas de fé etc.

---

7 Não esqueçamos o relevante papel que os avós podem desempenhar supletivamente nesta matéria.

A seguir, o Cardeal enuncia alguns sinais identificadores da fé:

— Ter na sala ou nos quartos da casa, bem como no lugar de trabalho, um crucifixo.

— Fazer o sinal da cruz antes de iniciar as tarefas do dia.

— Rezar alguma oração de agradecimento a Deus antes das refeições em família.

O documento termina assim:

Quero, pois, fazer um apelo, que pode soar como um desafio: *cada católico praticante traga para a prática da fé, durante o ano, mais um irmão católico não praticante*. Com todo o respeito pela liberdade de consciência do próximo, mas também com todo o zelo de quem quer fazer-lhe um imenso bem, fale da sua fé, da nossa fé, *das coisas bonitas da fé da Igreja*... Talvez ninguém lhe tenha falado ainda! Sobretudo, procure dar-lhe o testemunho de uma vida correta e feliz. Quem conseguir auxiliar um irmão a aproximar-se mais da fé e da prática da religião pode estar certo de uma bendita recompensa de Deus.

E essa recompensa é a que Deus prometeu pelas palavras finais do Apóstolo São Tiago na sua Epístola:

> Meus irmãos, se alguém fizer voltar ao bom caminho algum de vós que se afastou da verdade, saiba: — Aquele que fizer um pecador retroceder do seu erro salvará da morte a sua própria alma (Tt 5, 19).

A grande dificuldade para levar avante esta obra, para a qual todas as demais se encaminham, não é a resistência do ambiente: é a preguiça modorrenta e egoísta, a falta de coragem para insistir após um "não" que parece definitivo e *nunca o é*, a inabilidade para abrir o tema, aproveitando a menor boa vontade do outro para iniciar o diálogo.

Dois estudantes universitários que um dia se encontraram lado a lado no ônibus puseram-se a conversar:

— Você tem fé? — perguntou um deles ao outro, com simpatia, após uns minutos de conversa cordial.

— Não, não tenho.

— Mas nenhuma mesmo?

— Bom, nenhuma, nenhuma, também não!

Era batizado, fizera a Primeira Comunhão, mas, depois disso, nada.

Esse "fiozinho" de uma fé soterrada foi o que levou os dois interlocutores a uma aproximação amistosa e a uma série de "aulas" que fizeram retornar à prática religiosa um jovem que, por ignorância, deixara de ver "utilidade" nela.

"Quem não dá Deus, dá muito pouco", dizia João Paulo II. E acrescentava: "É comunicando a fé que ela se fortalece".

Nós somos instrumentos da graça de Deus para a conversão à fé ou à sua prática das pessoas que temos à volta. Pobres instrumentos, sim, mas varas como aquela com que, por indicação de Deus, Moisés feriu a rocha no deserto e dela jorrou água. Ou o barro com que Cristo untou os olhos do cego e lhe devolveu a vista. Por si, que faz o barro senão sujar?[8] Com Cristo guiando-nos a mão, podemos dar luz a cegos que, ao recuperarem a vista, o primeiro vulto que verão será Ele, o verdadeiro autor do milagre operado por meio de nós.

---

8 Cf. Francisco Fernández-Carvajal, *Falar com Deus*, vol. 5, 3ª ed., Quadrante, São Paulo, 2007, p. 388.

FÉ SACRIFICADA

"Os judeus pedem sinais e os gregos procuram a sabedoria, mas nós anunciamos Cristo crucificado", diz São Paulo (1 Cor 1, 22-23).

Quem se aproxima da fé tem de saber que não vai encontrar nela simplesmente a maravilha de andar com Deus, de obter dEle o sentido último para a sua existência e, com ele, a segurança e a paz de espírito. Não vai encontrar um salvo-conduto para uma vida sem problemas. Vai encontrar um Deus crucificado.

Cristo não escondeu dos Apóstolos e dos discípulos o destino que o aguardava. Mas também falou claro sobre o destino deles. Não foi um visionário, não atraiu ninguém com a miragem de um paraíso na terra. Não foi um exaltado ou um mágico, o tocador de flauta que, como no conto, seduziu e arrastou as multidões. Pelo contrário, fugiu do espetáculo, de operar milagres à toa, encaminhou para Deus-Pai, e para a fé dos que lhe pediam curas, os louvores dos agradecidos. Se uma única vez permitiu que o aclamassem como "o que vem em nome do Senhor", como rei, foi montado num jumentinho e quando o seu destino de morte à mão das autoridades já estava selado. Iria atrair tudo a Si, mas seria depois que fosse levantado numa cruz (cf. Jo 12, 32). E dirigia a sua promessa de bem-aventurança aos que têm um coração de pobre, aos que choram, aos perseguidos por causa da justiça, aos caluniados... (cf. Mt 5, 3-11).

E dizia aos íntimos: "Não é o discípulo mais que o mestre. Se me perseguiram a mim..." (cf. Jo 15, 20). E punha-lhes como condição: "Se alguém quiser vir após mim, tome a sua cruz e siga-me" (Mt 16, 24). Teriam que sofrer o martírio, preparar-se para beber o cálice do sangue derramado, como efetivamente aconteceu, não só com eles, mas com as gerações imediatas e sempre. Nos nossos dias, a Igreja sofre nos seus membros, em regiões onde há homens e mulheres discriminados, falsamente acusados, postos em prisão, fuzilados, unicamente por causa da sua fé.

Quem queira chegar à fé e fortalecer-se nela deve saber que se trata de trazer o nome de cristão, não na lapela, mas nas obras, e dispor-se a uma vida de renúncia.

As obras de sacrifício

A fé é um dom tão grande que merece todos os sacrifícios. Habitualmente, não se apresentam ao cristão situações que levem ao martírio, mas isto não quer dizer que não o encontre na sua vida diária e não lhe custe sangue.

As obras de sacrifício começam por nós mesmos. Lemos em *Forja*:

Cada dia um pouco mais — como se se tratasse de talhar uma pedra ou uma madeira —, é preciso ir limando asperezas, tirando defeitos da nossa vida pessoal, com espírito de penitência, com pequenas mortificações, que são de duas espécies: as ativas — essas que procuramos, como florzinhas que apanhamos ao longo do dia —, e as passivas, que vêm de fora e nos custa aceitar. Depois Jesus vai completando o que falta [...].

Que Crucifixo tão esplêndido vais ser, se correspondes com generosidade, com alegria, de todo! (n. 403)

E mais adiante:

Cristo pregado na Cruz. E tu?... Ainda metido apenas nos teus gostos! Corrijo-me: pregado pelos teus gostos! (n. 761)

Depois, são os contratempos de toda a espécie que "vêm de fora", que aliás atingem qualquer homem, mas que, voltando ao n. 403 acima citado, um homem de fé sabe enfrentar com valentia e paz, porque é "Jesus que vai completando o que falta".

No melhor dos casos, um homem sem fé encara a dureza da vida como fatalidades que procura superar, mas um homem de fé, com a mesma têmpera de quem não se resigna, vê nessas fatalidades — quando não há nada mais que possa fazer — um modo de imitar Cristo até ao fim: "Que Crucifixo tão esplêndido vais ser!"

Enfim, o sacrifício é necessário ao homem de verdadeira fé para não encastelar-se "nas suas coisas" e abrir-se ao próximo. Como diz Bento XVI na Encíclica *Deus caritas est*, viver a caridade, isto é, amar, significa *sair de si mesmo*, esquecer-se, para abrir-se a Deus e, por Deus, a todos os homens, numa vida de entrega sem recompensa humana.

A história da Igreja e dos seus santos está repleta de exemplos que contrastam com o egoísmo míope dos que "vão aos seus negócios", dos que não abrem mão de riquezas, fama, conforto e luxo, e se mostram incapazes de, no meio das suas ocupações profissionais, criar espaço para dedicar um pouco de tempo a atividades em que se concretizam as obras de misericórdia e o esforço por aproximar de Deus algum amigo que ande longe dEle.

O SEGREDO DA ALEGRIA NO SACRIFÍCIO

"Disse-vos estas coisas para que a minha alegria esteja em vós, e a vossa alegria seja completa" (cf. Jo 15, 11). Como pode o espírito de sacrifício ser fonte de alegria?

É uma pergunta que deveríamos fazer a uma mãe que à noite se levanta da cama, uma e outra vez, para tomar nos braços o filho de poucos meses e niná-lo até que pare de chorar. Ou a um pai que troca um emprego de que gosta, onde é bem considerado e pode fazer carreira, mas não tem hora para sair, por outro que lhe permite voltar para casa, para o convívio dos seus, a uma hora razoável, ainda que seja um trabalho que não lhe agrade tanto e não lhe ofereça a mesma perspectiva de progredir profissionalmente ou melhorar o ordenado.

A chave da alegria no sacrifício que a "obediência da fé" nos pede é o amor. Diz Santo Agostinho que "onde há amor, não se sofre; ou, se se sofre, ama-se o sofrimento".

O caminho para alcançar a fé e para robustecê-la é amar. Até o incréu mais obtuso pressente que o Deus que procura no escuro, se o encontrar, não pode deixar de ser senão um Deus que ama. Tanto mais que, se for humilde — e voltamos ao começo —, terá de reconhecer que ele pessoalmente não passa de um monte de misérias que não mereceria ter recebido sequer o dom da vida.

A fé procurada com um empenho sincero deixa entrever essa perspectiva de amor feliz. E a fé que se robustece pela humildade, pela operosidade e pelo sacrifício só tem por termo um amor que se converte em paixão.

Um dia, numa reunião descontraída, um jovem universitário perguntou a São Josemaria Escrivá por que — nos primeiros tempos em que começou a difundir entre os universitários e os pais de família que todos os batizados foram chamados à santidade, e não apenas alguns privilegiados — o apelidaram de louco. E travou-se este diálogo comovente:

— Você já viu algum louco?
— Não, Padre.
— Pois então olhe para mim. Estou louco, louco varrido..., de amor de Deus.

E em outra ocasião, em que lhe contaram que certo eclesiástico importante o tinha na conta de louco, São Josemaria respondeu, esboçando um sorriso:

— Não se preocupe. Reze por essa pessoa, e reze também por mim, para que eu enlouqueça cada dia mais.

Isso é o que aguarda os corações sinceros em busca da fé ou de um fortalecimento da fé que os leve cada vez mais a crer sem ver.

"Tomé, creste porque viste. Bem-aventurados os que creem sem terem visto" (cf. Jo 20, 29).

PENSAMENTOS SOBRE A FÉ

Bento XVI

O DOM DA FÉ

Iniciativa de Deus

A fé não é fruto do esforço humano, da sua razão, mas um dom de Deus. Tem a sua origem na iniciativa de Deus, que nos desvenda a sua intimidade e nos convida a participar da sua própria vida divina.

Homilia, 21-8-2011

Dom e aceitação

A fé, entendida como fruto da experiência do amor de Deus, é uma graça, um dom de Deus. Mas o homem só a poderá experimentar como uma graça na medida em que a aceite dentro de si como dom.

Carta, 15-5-2006

Fé e esperança

A fé dá-nos já agora um pouco das realidades que ela nos faz esperar: a fé presente constitui para nós uma *prova* daquilo que ainda não se vê. Atrai o futuro para dentro do presente, de modo que o futuro já não é o puro "ainda não". Crer que esse futuro existe muda o presente, e assim as realidades futuras repercutem nas presentes, e as presentes nas futuras.

Spe salvi, 7

Projeção

A fé não é simplesmente a adesão a um conjunto de dogmas, completo em si mesmo, que apagaria a sede de Deus presente na alma humana. Ao contrário, projeta o homem, que caminha no tempo, para um Deus sempre novo na sua infinitude.

Ângelus, 28-8-2005

Proximidade

Para chegar a Deus, não são necessárias expedições complicadas nem aventuras espirituais ou materiais. Deus está perto, está no teu coração.

Discurso, 5-10-2009

A FÉ EM CRISTO

Relação íntima

A fé não é a simples aceitação de umas verdades abstratas, mas uma relação íntima com Cristo que nos leva a abrir o coração a esse mistério de amor e a viver como pessoas que se sabem amadas por Deus.

Homilia, 20-8-2011

Novidade e singularidade

A fé conduz-nos a conhecer e acolher a identidade real de Cristo, a sua novidade e unicidade, para vivermos uma relação pessoal com Ele.

Ângelus, 14-8-2011

Encontro

A fé é acima de tudo um encontro pessoal íntimo com Jesus, é fazer a experiência da sua proximidade, da sua amizade, do seu amor. Só assim se aprende a conhecê-lo cada vez mais, a amá-lo e segui-lo cada vez mais.

Catequese, 21-10-2010

União mística

Ao unir-nos intimamente a Cristo, a fé sublinha a distinção entre nós e Ele. Mas, segundo São Paulo, a vida do cristão também tem um componente que poderíamos chamar "místico", já que significa ensimesmarmo-nos em Cristo e Cristo em nós.

Catequese, 8-11-2006

CONFIAR PLENAMENTE EM DEUS

Abandonar-se

A fé só cresce e se fortalece crendo; não há outra certeza sobre a própria vida que abandonar-se, num *crescendo* contínuo, nas mãos de um amor que se experimenta sempre em aumento porque tem a sua origem em Deus.

Porta fidei, 7

A FÉ DE PEDRO E AS ONDAS

Pedro caminha sobre as águas, não pelas suas próprias forças, mas pela graça divina, na qual crê. E quando se vê assaltado pela dúvida, quando não mantém o olhar fixo em Jesus, mas tem medo do vento, quando não confia plenamente na palavra do Mestre, isso quer dizer que começa a afastar-se interiormente dEle e então corre o risco de afundar-se no mar da vida.

Ângelus, 7-8-2011

NOITES ESCURAS

Ao entrarmos no terreno da fé, passamos com frequência por tempos obscuros, duros, difíceis, por uma sementeira de lágrimas. Mas mesmo nessas noites escuras não podemos esquecer que a luz existe, que

Deus está no meio da nossa vida e que podemos semear com a grande confiança de que o "sim" de Deus é mais forte que todos nós.

É importante não perdermos este sentido da presença de Deus na nossa vida, a alegria profunda de sabermos que Deus entrou nela e nos libertou: é a gratidão pela descoberta de Cristo, que veio a nós. Esta gratidão transforma-se em esperança, em luz que nos dá confiança, porque precisamente as dores da semeadura são o começo da nova vida, da grande e definitiva alegria de Deus.

Catequese, 12-10-2011

NA PROVA

Perante as situações mais difíceis e dolorosas, quando parece que Deus não ouve, não devemos ter medo de confiar-lhe o nosso sofrimento; devemos convencer-nos de que Ele está perto, ainda que aparentemente se cale.

Catequese, 8, 2. 2012

Fé e oração

A fé é a força que em silêncio, sem fazer barulho, muda o mundo e o transforma no reino de Deus. E a oração é expressão da fé.

Homilia, 21-10-2007

A fé pode levar-nos sempre a Deus, mesmo quando estamos em pecado.

Discurso, 26-5-2006

No amor de Deus

Mesmo em face da morte, a fé pode tornar possível o que humanamente é impossível. Mas fé em quê? No amor de Deus.

Ângelus, 5-2-2012

Oração

Que o Senhor nos dê fé,
nos ajude nas nossas fraquezas
e nos faça capazes de crer
e de orar nos momentos de angústia,
nas noites dolorosas da dúvida
e nos longos dias de dor,

abandonando-nos com confiança nEle, que é o nosso *escudo* e a nossa *glória*.

Catequese, 7-9-2011

Crer com a Igreja

A Igreja tem a missão de alimentar sempre a fé e a esperança do povo cristão.

Homilia, 21-10-2007

Deixar-nos inserir

Nós cremos sempre na Igreja e com a Igreja. O Credo é sempre um ato compartilhado. Nós não "fazemos" a fé, porque quem a dá é Deus. Mas também não a "fazemos" porque não devemos inventá-la. Devemos, pois, deixar-nos inserir na comunhão da fé da Igreja, uma comunhão de caminho, de vida, de palavra e de pensamento. Em si mesmo, crer é um ato católico.

Discurso, 2-3-2006

Na comunhão da Igreja

Seguir Jesus na fé é caminhar com Ele na comunhão da Igreja. Quem cede à tentação de caminhar "por sua conta" ou de viver a fé segundo a mentalidade individualista que predomina na sociedade, corre o risco de nunca encontrar Jesus Cristo ou de acabar por seguir uma imagem falsa dEle.

Homilia, 21-8-2011

CRER EM UNIÃO COM OS FIÉIS DE TODOS OS TEMPOS

Recebemos a fé pelo ouvido, diz-nos São Paulo. E ouvir é um processo de estarmos juntos física ou espiritualmente. Eu só posso crer por meio da grande comunhão dos fiéis de todos os tempos que encontraram Cristo e que foram encontrados por Ele. Eu devo a fé acima de tudo a Deus que se dirige a mim e, por assim dizer, "acende" a minha fé. Mas muito concretamente devo a minha fé aos que estão perto de mim e creram antes de mim e creem comigo. Este grande "comigo", sem o qual não é possível uma fé pessoal, é a Igreja.

Homilia, 24-9-2011

Relação eclesial

A fé cristã não é algo puramente espiritual e interior, e a nossa relação com Cristo não é só subjetiva e privada. Ao contrário, é uma relação totalmente eclesial.

Discurso, 13-5-2005

TRANSMISSÃO DA FÉ

Esforço alegre

Na medida em que nos alimentamos de Cristo e estamos enamorados dEle, sentimos também dentro de nós o apelo para levarmos os outros a Ele, pois não podemos guardar para nós a alegria da fé: devemos transmiti-la. Quando se esquece este objetivo, nasce muito barulho efêmero, muitas discussões inúteis e um sentido de vazio.

Discurso, 5-6-2006

Anúncio

É necessário voltar a anunciar com vigor e alegria o acontecimento da morte e ressurreição de Cristo, centro do cristianismo, fulcro da nossa fé, vento impetuoso que varre todo o medo e indecisão, toda a dúvida e cálculo humano. Só de Deus pode vir a mudança decisiva do mundo.

Homilia, 19-10-2006

A FAMÍLIA CRISTÃ

A família cristã transmite a fé quando os pais ensinam os filhos a rezar e rezam com eles, quando os aproximam dos sacramentos e os vão introduzindo na vida da Igreja; quando todos se reúnem para ler o Evangelho, iluminando a vida familiar com a luz da fé e louvando a Deus como Pai.

Homilia, 9-7-2006

A HISTÓRIA DAS OBRAS DA NOSSA FÉ

OS APÓSTOLOS

Pela fé, os Apóstolos deixaram tudo para seguir o Mestre (cf. Mt 10, 28). Creram nas palavras com que Ele anunciava o Reino de Deus, que está presente e se realiza na sua Pessoa (cf. Lc 11, 20). Viveram em comunhão de vida com Ele, que os instruía com os seus ensinamentos, deixando-lhes uma nova regra de vida pela qual seriam reconhecidos como seus discípulos depois da sua morte (cf. Jo, 13, 34-35). Pela fé, foram pelo mundo inteiro, seguindo o mandato de levar o Evangelho a todas as criaturas (cf. Mc 16, 15) e, sem temor algum, anunciaram a todos a alegria da Ressurreição, da qual foram testemunhas fiéis.

Porta fidei, 13

OS MÁRTIRES

Pela fé, os mártires entregaram a sua vida em testemunho da verdade do Evangelho, que os tinha transformado e feito capazes de chegar ao maior dom do amor com o perdão aos seus perseguidores.

Porta fidei, 13

Os cristãos

Pela fé, muitos cristãos promoveram obras em favor da justiça, para tornar realidade a palavra do Senhor, que veio proclamar a libertação dos oprimidos (cf. Lc 4, 18-19). Pela fé, homens e mulheres de todas as idades, cujos nomes estão inscritos no livro da vida (cf. Ap 7, 9; 13, 8), confessaram ao longo dos séculos a maravilha de seguir o Senhor Jesus no lugar em que eram chamados a dar testemunho de serem cristãos: na família, na profissão, na vida pública.

Porta fidei, 13

ORAÇÃO A MARIA

Peçamos à Mãe de Deus que nos obtenha o dom de uma fé madura: uma fé que quereríamos que se assemelhasse à sua: uma fé nítida, genuína, humilde e ao mesmo tempo valente, impregnada de esperança e entusiasmo pelo Reino de Deus; uma fé que não admita o fatalismo e esteja aberta a cooperar com a vontade de Deus por uma obediência plena e gozosa, na certeza absoluta de que a única coisa que Deus quer sempre para todos é amor e vida. Maria, alcançai-nos uma fé autêntica e pura, repleta de obras de fé. Nós Vos damos graças e Vos bendizemos, santa Mãe de Deus. Amém"

Homilia, 31-12-2006

Direção geral
Renata Ferlin Sugai

Direção de aquisição
Hugo Langone

Direção editorial
Felipe Denardi

Produção editorial
Juliana Amato
Gabriela Haeitmann
Karine Santos
Ronaldo Vasconcelos

Capa
Karine Santos

Diagramação
Sérgio Ramalho

ESTE LIVRO ACABOU DE SE IMPRIMIR
A 08 DE DEZEMBRO DE 2024,
EM PAPEL OFFSET 90 g/m².